MINISTÈRE DE L'INSTRUCTION PUBLIQUE ET DES BEAUX-ARTS

HISTOIRE ET DESCRIPTION

DE L'ÉGLISE

DE

SAINT-LOUIS D'ANTIN

PAR

M. LE Cte L. CLÉMENT DE RIS

CONSERVATEUR DU MUSÉE DE VERSAILLES
MEMBRE DE LA COMMISSION DE L'INVENTAIRE GÉNÉRAL DES RICHESSES D'ART DE LA FRANCE

Prix : 1 franc

PARIS

LIBRAIRIE PLON

E. PLON, NOURRIT et Cie, IMPRIMEURS-ÉDITEURS
RUE GARANCIÈRE, 10

—

ÉGLISE

DE

SAINT-LOUIS D'ANTIN

ÉGLISE

DE SAINT-LOUIS D'ANTIN

HISTOIRE. — *L'agrandissement du quartier de la Chaussée d'Antin ayant déterminé le gouvernement à faire construire un couvent, pour procurer des secours spirituels aux habitants de ce quartier, il fut arrêté que les Révérends Pères Capucins du faubourg Saint-Jacques y seraient transférés. Cette translation eut lieu le 15 septembre 1783. Ils se rendirent au monastère qui leur a été construit sur les dessins et conduite de M. Brongniard, architecte du Roi. L'église, élevée en 1781, a été bénite le 20 novembre 1782.*

Supprimé en 1791, le couvent fut affecté pendant dix ans à un hospice.

En 1802, on établit dans les bâtiments conventuels le lycée Bonaparte. Le même architecte fut chargé de les approprier à leur nouvelle destination, et la chapelle du couvent, convertie en église, placée sous l'invocation de saint Louis, devint la première succursale de la Madeleine. En 1837, on construisit la chapelle des catéchismes. La sacristie des mariages qui lui fait suite date de 1856 [1].

DESCRIPTION.

EXTÉRIEUR.

Le façade de cette église se confond dans la façade générale de l'ancien couvent devenu lycée, qui porta successivement les noms de Bonaparte, Bourbon, Condorcet et Fontanes. Elle forme l'un des deux pavillons en avant-corps qui terminent l'édifice, lequel, malgré l'austère simplicité convenant à l'ordre séraphique, ne manque ni de style ni d'élégance. Ce monument, fort apprécié jadis des gens de l'art, était cité comme un modèle d'harmonie et de bon goût. Deux grands bas-reliefs, de Clodion, détruits sous la Révolution, et huit niches, qui ne reçurent jamais les statues auxquelles elles étaient destinées, étaient les seuls ornements de cette façade, sans autre ouverture que trois larges portes donnant accès à la chapelle du cloître et au parloir du couvent.

En 1806, Brongniard ajouta, de chaque côté du portique central, deux fontaines en forme de cuves antiques, qui ont été supprimées depuis peu. Dans ces derniers temps, on ouvrit à la place des quatre niches du milieu quatre fenêtres cintrées, et au-dessus, sur la place vide des anciens bas-reliefs, quatre croisées carrées qui ont sensiblement modifié le caractère de ce morceau d'architecture. Le portail de l'église forme le pavillon de gauche.

La porte, à laquelle on accède par un perron de six degrés, en occupe le milieu. Elle est accostée de deux niches vides et surmontée d'un fronton triangulaire terminé par une croix. Ce fronton, ainsi que celui qui lui correspond à droite, était primitivement un arc de cercle. Sur le linteau de la porte, l'inscription : DEO OPTIMO MAXIMO.

[1] Voir :

Guide des amateurs et des étrangers à Paris, par Thiéry, Paris, 1783, t. I, p. 138 et suivantes.

Histoire de tout le diocèse de Paris, par l'abbé Lebeuf. Édit. Cocheris.

Chroniques et légendes des églises de France, sous Napoléon III. — Saint-Louis d'Antin, par Charles Catelin. Paris, Guyot.

INTÉRIEUR.

Il se compose d'une nef voûtée, d'un chœur en coquille ou quart de sphère sur le mur duquel s'adosse l'autel, et d'un seul bas côté, du côté gauche, selon le rite des Franciscains. La nef est précédée d'un porche surmonté d'une tribune, pour la maîtrise et les orgues, supporté par deux colonnes.

La nef ouvre sur le bas côté par cinq arcades cintrées dont les arcs sont soutenus par des piliers carrés. Ces piliers sont répétés sur le mur de droite par des pilastres en saillie.

Cette église était primitivement entièrement nue, sans autre décoration que les refends des assises de pierre prolongés autour de l'hémicycle et de la voussure du chœur. Toute l'ornementation est moderne.

NEF.

Sur chacun des piliers du côté gauche, une figure d'apôtre vue de face, debout, grandeur naturelle.

Saint Thomas.
Saint Simon.
Saint Jacques le Mineur.
Saint André.
Saint Matthieu.
Saint Pierre.
Par L. BEZARD. 1841.

Au-dessus de ces figures, dans le tympan des arcs, des disques peints contenant le nom des principales villes évangélisées par l'apôtre représenté au-dessous.

Sur les pilastres correspondant, à droite, aux piliers, six autres figures d'apôtres, de face, debout :

Saint Barthélemy.
Saint Jacques le Majeur.
Saint Philippe.
Saint Judas Thadeus.
Saint Jean.
Saint Paul.
Par SÉBASTIEN CORNU. 1841.

Au-dessus des apôtres les mêmes disques qu'à gauche.

Entre les pilastres, sur les fausses arcades, les tableaux suivants :

La Mort de saint Louis. — Toile. — H. 2ᵐ,30. — L. 2ᵐ.

Le roi est étendu de droite à gauche sur un lit recouvert d'un manteau fleurdelisé. Au chevet de son lit, Joinville debout ; à ses pieds, un enfant agenouillé. De l'autre côté du lit, un évêque bénissant accompagné de cinq religieux dont un agenouillé.

Par M. LÉON GLAIZE. 1869.

Saint Augustin et sainte Monique. — Toile. — H. 2ᵐ,10. — L. 1ᵐ,80. — Par DE RUDDER, 1850.

Saint Jérôme bénissant sainte Paule et sainte Eustochie. — Toile. — H. 2ᵐ,10. — L. 1ᵐ,80. — *Signé :* ETG. MAISON. 1851.

Les Disciples d'Emmaüs. — Toile. — H. 2ᵐ,30. — L. 2ᵐ. — *Signé :* DUMAS (MICHEL). Paris. 1859.

Salon de 1859, nᵒ 949.

BAS COTÉ GAUCHE.

I. CHAPELLE DE LA CROIX.

Elle occupe une travée :
Sur une colonnette de marbre noir, une urne en brèche grise contenant le cœur de M. le comte de Choiseul-Gouffier. Sur la colonne, l'inscription :

Ici repose le cœur de Gabriel-Florent-Auguste comte de Choiseul, ancien ambassadeur à Constantinople, décédé à Aix-la-Chapelle, 20 juin 1817. L'euf de Adélaïde-Marie-Louise de Gouffier, remarié à Hélène de Bauffremont, princesse du saint-empire, laquelle a déposé dans cette église ces restes précieux.

II. CHAPELLE DE LA SAINTE-VIERGE.

Elle occupe une travée.
Au-dessus de l'autel :

La Vierge tenant l'Enfant Jésus sur le bras droit. — Marbre. Grand. nat. — Par GAYRARD père.

De chaque côté de la statue, sur les parois :

Deux Anges thuriféraires, peints sur mur. — *Signé :* H. VETTER. 1854.

III. CHAPELLE DES CATÉCHISMES.

Cette chapelle, construite en hors-œuvre, fait suite à l'unique bas côté de l'église.

Au-dessus de l'autel :

Jésus-Christ montrant ses plaies. —

Statue. — Marbre. — Grand. nat. —
Par M. ÉMILE THOMAS. 1871.

Don de l'État.
Sur les parois de la chapelle, les tableaux
suivants :
Paroi de gauche :

Assomption.
Saint Laurent soignant les malades. —
Toile. — H. 1^m,50. — L. 1^m,20. —
Signé : L. THORET, d'après L. COGNIEL.

Don anonyme du 15 juin 1871. — L'origi-
nal est à Saint-Nicolas des Champs.

Jésus-Christ au prétoire. — Toile. —
H. 2^m,20. — L. 2^m. — Signé : C. D.
1861.

Don anonyme.

La Visitation. — Toile. — H. 1^m,20. —
L. 1^m. — Copie du tableau de SÉBAS-
TIEN DEL PIOMBO au Musée du Louvre.

N° 339, Catal. de 1867.

La Vierge sur un trône. — Toile. —
H. 2^m,10. — L. 2^m. — Copie du ta-
bleau de FRA BARTOLOMMEO au Musée du
Louvre.

N° 65, Catal. 1867. — Don de l'État.
1873.
Paroi de droite :

Sainte Famille.
Le Christ en croix. — Bois. — H. 0^m,90.
— L. 0^m,60. — École allemande. Fin
du seizième siècle.
*San Diego écoutant les concerts des
Anges.* — Toile. — H. 1^m,30. —
L. ^m90. — École espagnole. Dix-
septième siècle.
*La Vierge et saint Jean au pied de la
Croix.* — Toile. — H. 2^m,10. —
L. 1^m,50. — Signé : DAUPHIN. 1857.

Donné par l'empereur en 1858.

Tableau votif. — Toile cintrée. —
H. 1^m,70. — L. 1^m,10.

A droite, un magistrat (?) agenouillé, de
profil. A gauche, saint Dominique ou saint
Thomas agenouillé, vu par derrière, présente
le personnage au ciel entr'ouvert. Derrière le
personnage principal, sa femme présentée par
sainte Catherine de Sienne.

École française. Dix-huitième siècle.

CHŒUR.

Le chœur n'est séparé de la nef que par
une simple balustrade.
Retable du maître-autel :

Saint Louis adorant la sainte Couronne.
Toile. — H. 1^m,80 — L. 1^m,40. —
École française. Dix-huitième siècle.

A gauche et à droite de l'autel, deux niches
contenant deux statues de marbre représen-
tant, à gauche :

*Saint Louis tenant la Couronne d'é-
pines.*
Par M. MONTAGNY. 1858.

Don de l'État.

A droite :

Saint François d'Assise.
Par M. MONTAGNY. 1863. — Commandé
par la ville.

Sur la voûte de la coupole :

*Jésus-Christ entre saint Louis et saint
François.* — Peinture sur mur.

Jésus-Christ est debout, de face, vêtu de
blanc, soutenant la croix de la main droite et
appuyant la main gauche sur l'Évangile. Auprès
de lui deux anges agenouillés, dont l'un tient
le calice et l'autre la lance. A l'extrémité de
la composition à gauche, saint Louis agenouillé
tenant l'oriflamme ; à droite, saint François
agenouillé portant le costume de son ordre.

Signé : SIGNOL. 1841.

Au-dessous de la composition, dans une
frise, l'inscription :

*Ipse summo angulari lapide Christo
Jesu.*

Au-dessus du banc d'œuvre placé à gauche :

Le Christ au jardin des Oliviers. —
Toile. — H. 2^m,40. — L. 2^m —
Signé : E. GOYET, 1857.

SACRISTIES.

SACRISTIE DES MARIAGES.

Au fond :

Le Christ en croix. — Toile. — H. 2^m,10.
— L. 1^m,50. — Copie moderne d'un

tableau de l'École de Philippe de Champagne.

Ce tableau décorait avant 1830 la salle des séances de la cour de cassation au Palais de justice.

SACRISTIE DES MESSES.

Le Christ entre les deux larrons. — Bois. H. 1^m,10. — L. 0^m,60. — École allemande ou hollandaise. — Dix-huitième siècle.

L. CLÉMENT DE RIS,

MEMBRE DE LA COMMISSION.

Paris, 15 *février* 1876.

TABLE

DES NOMS MENTIONNÉS DANS LE FASCICULE

Nota. — L'abréviation *arch.* signifie architecte; *éb.*, ébéniste; *gr.*, graveur; *p.*, peintre; *sc.*, sculpteur.

E. PLON, NOURRIT et Cie, IMPRIMEURS-ÉDITEURS
10, RUE GARANCIÈRE, PARIS

INVENTAIRE GÉNÉRAL

DES

RICHESSES D'ART·DE LA FRANCE

PUBLIÉ SOUS LES AUSPICES DU MINISTÈRE DE L'INSTRUCTION PUBLIQUE

Et avec le concours de l'Administration des Beaux-Arts

Cette publication ne se bornera pas à cataloguer les chefs-d'œuvre qu'elle aura à signaler; elle en enregistrera le sujet, la nature, l'origine, la date, les proportions, les particularités, la dernière provenance. Dans l'*Inventaire* d'une église, elle mentionnera les tableaux, les statues, les boiseries, le trésor. Dans celui d'un musée, elle relèvera jusqu'à la plus petite esquisse. Dans une bibliothèque, elle étudiera le mobilier, puis, ouvrant les manuscrits ornés de miniatures, elle en dira l'attrait et la rareté. Partout, avant de franchir le seuil d'un édifice, elle apprendra le style, l'âge, les destinations successives du monument.

La publication de l'*Inventaire général des Richesses d'art de la France* est confiée aux soins d'une commission spéciale dont le président et les principaux membres appartiennent à la Direction des Beaux-Arts.

Quatre séries parallèles de monographies sont publiées simultanément :

La Première Série comprend *les Monuments religieux de Paris;*
La Deuxième Série comprend *les Monuments civils de Paris;*
La Troisième Série comprend *les Monuments religieux de la Province;*
La Quatrième Série comprend *les Monuments civils de la Province.*

La Commission de l'Inventaire publie en outre les *Archives du Musée des Monuments français* d'après les papiers d'Alexandre Lenoir, communiqués par son fils, M. Albert Lenoir, membre de l'Institut, et les documents conservés aux Archives nationales, à la Direction des Beaux-Arts, etc. — Le tome Ier de cette publication a paru en 1883.

CONDITIONS DE SOUSCRIPTION ET DE VENTE :

Première Édition, papier ordinaire :

      Prix du fascicule. . . . .   5 fr.
      Prix du volume. . . . .   9 fr.

Deuxième Édition, papier vélin :

      Prix du fascicule. . . . .   8 fr.
      Prix du volume. . . . .   13 fr.

Troisième Édition, *numérotée,* papier de Hollande :

      Prix du fascicule. . . . .   10 fr.
      Prix du volume. . . . .   30 fr.

Chaque volume sera publié en *trois* fascicules. Il paraîtra environ *deux* volumes par an.

N. B. — Chacune des monographies contenues dans l'**Inventaire général des richesses d'art de la France,** tirée à part, forme un cahier spécial semblable au présent fascicule, et peut être vendue isolément.
Une liste détaillée de ces **Monographies** est en distribution.

PARIS. TYPOGRAPHIE E. PLON, NOURRIT ET Cie, RUE GARANCIÈRE, 8.

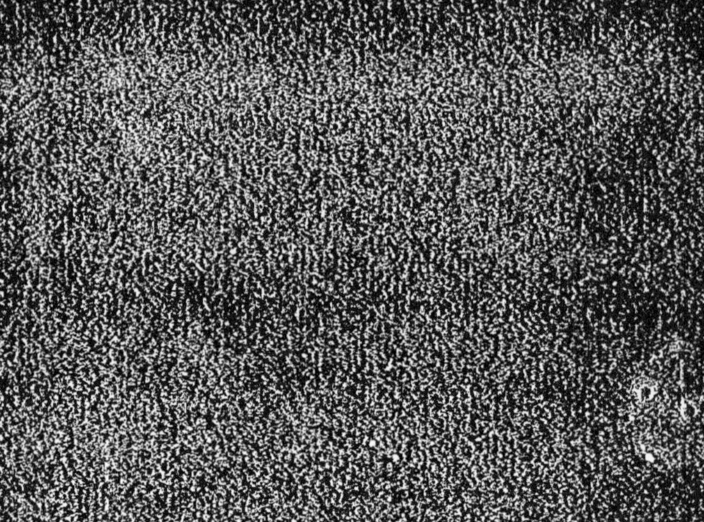